Las asombrosas colas de los animales

Grace Hansen

Abdo Kids Jumbo es una subdivisión de Abdo Kids
abdobooks.com

abdobooks.com

Published by Abdo Kids, a division of ABDO, P.O. Box 398166, Minneapolis, Minnesota 55439.

Abdo Kids Jumbo™ is a trademark and logo of Abdo Kids.

Printed in China

102025

012026

Spanish Translator: Maria Puchol

Photo Credits: BluePlanetArchive.com, Getty Images, Shutterstock

Production Contributors: Teddy Borth, Jennie Forsberg, Grace Hansen
Design Contributors: Candice Keimig, Pakou Moua

Library of Congress Control Number: 2025941968

Publisher's Cataloging-in-Publication Data

Names: Hansen, Grace, author.

Title: Las asombrosas colas de los animales/ by Grace Hansen

Other title: Different tails of animals. Spanish

Description: Minneapolis, Minnesota: Abdo Kids, 2026. | Series: Asombrosas características de los animales | Includes online resources and index.

Identifiers: ISBN 9798384908791 (lib.bdg.) | ISBN 9798384909378 (ebook)

Subjects: LCSH: Animals--Juvenile literature. | Body composition--Juvenile literature. | Tail--Juvenile literature. | Zoology--Juvenile literature. | Spanish Language Materials--Juvenile literature.

Classification: DDC 591.1--dc23

Contenido

Las diferentes formas de colas de los animales

En el reino animal hay muchos tipos de colas diferentes. Las colas de los animales les ayudan de diferentes maneras a sobrevivir.

Equilibrio

Muchos animales terrestres han **evolucionado** desarrollando una cola. La razón fundamental es el equilibrio.

Los gatos tienen colas largas y finas que les ayudan a moverse sobre determinadas superficies. También les ayudan a mantener el equilibrio cuando se mueven rápidamente o saltan sobre una **presa**.

Movimiento

Los peces y los mamíferos **marinos** tienen colas que los desplazan por el agua. La cola de los peces se mueve de un lado a otro. Tienen muchas formas diferentes.

La cola de un mamífero **marino** es larga y plana. La cola se mueve hacia arriba y hacia abajo. Este movimiento le ayuda a subir a la superficie del agua para respirar.

Defensa

Algunas colas de animales se utilizan como método de defensa. Las serpientes de cascabel avisan haciendo un fuerte ruido con la cola.

Algunos lagartos pueden desprenderse de parte de su cola. El trozo liberado sigue moviéndose solo. Esto puede distraer a un **depredador** mientras la lagartija huye.

Agarrar y sujetar

Algunas colas están hechas para **agarrar** y sostener objetos. La cola de algunos monos les permite agarrarse a las ramas de los árboles. Así se mueven con facilidad en lo alto de los árboles.

Los caballitos de mar tienen colas que se agarran a las plantas del océano. De este modo, estas diminutas criaturas no se pierden flotando con la **corriente**.

¡Más colas!

alimentación
almacena grasa corporal en la cola para utilizar cuando la comida escasea

ataque
usa la cola para picar o meter veneno a los depredadores o a las presas

en busca de pareja
su cola está llena de colores llamativos para atraer a una pareja

calor
envuelve el cuerpo con la cola para mantenerse caliente

comunicación
golpea la cola con el agua para avisar de un peligro

control de insectos
mueve la cola para ahuyentar a las moscas u otros insectos

Glosario

agarrar – sujetar, tomar con fuerza.

corriente – movimiento de agua continuo, en un lago, río u océano.

depredador – animal que caza otros animales para comérselos.

evolucionar – desarrollarse, cambiar de un estado a otro.

marino – relacionado con el mar.

pareja – cada uno de los dos animales que se juntan para tener crías.

presa – animal que es cazado para ser comido por otro animal.

Índice

¡Visita nuestra página **abdokids.com** para tener acceso a juegos, manualidades, videos y mucho más!

Los recursos de internet están en inglés.

Usa este código Abdo Kids

ADK6288

¡o escanea este código QR!